t r a n s
p o s i t i o n e n

Jean-Luc Nancy

Vom Schlaf

Aus dem Französischen von
Esther von der Osten

diaphanes

Titel der französischen Originalausgabe
Tombe de sommeil

Neuauflage

ISBN 978-3-0358-0457-7

Satz und Layout: 2edit, Zürich
Druck: Steinmeier, Deiningen

www.diaphanes.net

Nun folgt das Tönen der entfernten Uhr, mit schwächeren und schwächeren Schlägen, während du tiefer in die Wildnis des Schlafes eindringst. Es ist das Einläuten, die Totenglocke eines zeitweiligen Todes. Dein Geist hat sich davongemacht und wandert als freier Bürger unter den Gestalten der Schattenwelt…

Nathaniel Hawthorne[1]

1

Vor Schlaf fallen

Schlaftrunken falle ich in Schlaf, falle vor Schlaf. Ich falle in den Schlaf und falle hinein, weil der Schlaf dies bewirkt. Wie ich vor Müdigkeit umfalle. Wie ich vor Langeweile umfalle. Wie ich vor Verzweiflung falle. Wie ich überhaupt falle. All dieses Fallen fasst der Schlaf zusammen, er versammelt es. Der Schlaf kündigt sich an und versinnbildlicht sich im Zeichen des Falls, des mehr oder weniger raschen Niedergangs oder des Absackens, der Erschlaffung.

Hinzu kommt noch, wie ich aus Lust oder Leid in Ohnmacht falle. Dieses Fallen wiederum mischt sich, in der einen oder anderen Version, mit den anderen. Wenn ich in den Schlaf falle, wenn ich sinke, ist alles undeutlich geworden, indistinkt, Lust und Leid, die Lust selbst und ihr eigenes Leid, das Leid selbst und seine eigene Lust. Eins geht ins andere über und erzeugt die Müdigkeit, die Schlaffheit, Langeweile, Lethargie, das Abkoppeln, das Lösen der Taue. Leise löst das Schiff sich aus den Leinen und gleitet hinweg.

Das Leid der Lust ist, wenn sie sich selbst nicht mehr ertragen kann. Wenn sie sich aufgibt und sich nicht mehr erlaubt, bloß zu genießen. Die erschöpften Liebenden schlafen ein. Die Lust des Leids ist, wenn es, nicht ohne Perversion, insistiert, um sich wachzuhalten und sich selbst auszukosten, indem es sich immer noch weiter aufreizt. Wenn es sich darin gefällt, und sei es bloß in seiner eigenen Klage. Es lässt sich nicht nur leidvoll mühen und gegen das Leid protestieren, es willigt ein, sich gewissermaßen einzulullen, sich selbst zu stillen – in dem Sinne, wie man davon spricht, den »Schmerz zu stillen« – und sei es, um ein furchtbares Erwachen zu erleben.

Jedenfalls bestehen Erschlaffung und Fallen darin, einen Zustand nicht mit der ihm eigenen Spannung fortbestehen zu lassen (ein Spannungszustand, der also kein »Zustand« ist). Mit seiner Spannung und seiner Intention, die sich entspannen, loslassen: Aktivität in Abgespanntheit, Interesse in Langeweile, Hoffnung oder Vertrauen in Verzweiflung, Lust in ihre Unlust, Zurückweisung des Leids in sein mürrisches Auskosten. Eine Schärfe stumpft ab, ein Schwung schwingt aus, eine Wachsamkeit entschlummert.

*

Eine Wachsamkeit schläft ein: Damit sind wir allenthalben zum Motiv des Schlafs geführt oder zurückgeführt, sobald sich irgendeine Erschlaffung ausdrückt, sobald sich ein Verzicht andeutet, ein Aufgeben, ein Abnehmen oder ein Rückzug der Intentionalität in irgendeiner ihrer Gestalten.

Eine Wachsamkeit schläft ein, denn es kann, per Definition, allein die Wachsamkeit einschlafen. Allein das Wachen kann dem Schlaf weichen, und die gewahrte Wachsamkeit hat sich den Schlaf verwehrt, sich der Schläfrigkeit erwehrt. Die Wache muss gegen den Schlaf kämpfen, wie Aischylos' Wächter es tut, wie Christi Gefährten es vergessen. Wer die Wachsamkeit aufgibt, der gibt Aufmerksamkeit *[attention]* und Intention, gibt jede Art von Spannung *[tension]* und Erwartung *[attente]* auf; er tritt ein in die Auflösung der Projekte und Absichten, der Antizipationen und Berechnungen. Diese Auflösung ist es, die der Fall in den Schlaf – im realen oder im symbolischen Modus – versammelt. Dieser Fall ist ein Spannungsabfall, ist eine Entspannung, die sich nicht mit einem niedrigeren und beschränkten Spannungsgrad begnügt, sondern in infinitesimale Nähe zum Nullpunkt absinkt: bis er tendenziell mit der schlichten Trägheit zusammenfällt, die man von den Körpern schlafender Kinder kennt und die sich bei uns manchmal anzeigt, wenn wir auf der Schwelle zum Schlaf noch empfinden, dass wir anfangen aufzuhören, den Grundtonus unseres Körpers zu spüren. Wir spüren das Spüren in der Schwebe. Wir fühlen uns fallen, wir empfinden den Fall.

*

Man fällt vor Erschlaffung, fällt vor Schlaf in den Schlaf: Er selbst, der Schlaf, ist die Kraft, die sich vorausgeht und ihre Potenz in ihren Akt mitzieht. Falle ich vor Erschlaffung in den Schlaf, hat der Schlaf bereits begonnen, sich meiner zu bemächtigen und in mich einzufallen, ehe ich überhaupt schlafe, ehe ich anfange zu fallen. Wir sagen, der Schlaf übermanne uns: Er gewinnt Oberhand über uns, sein Zugriff und sein Schatten erstrecken sich mit der Verschwiegenheit und Beständigkeit des Abends, des Staubs, des Alters.

Diese Vorgängigkeit des Schlafs lässt sich endlos verlängern. So schlafen die antiken Monumente nicht eigentlich, sondern dämmern vor sich hin, benommen vor Verlassenheit; hierfür steht seit langer Zeit die Sphinx von Gizeh, zusammen mit den Statuen der Osterinseln, als Beispiel. Weder unsere Neugier noch unsere Bewunderung können die Götter, Prinzen, Eroberer erwecken oder jene Massen, die der Arbeit oder dem Gebet ihrer Feiern unterworfen waren. Wie man im Französischen sagt, sind diese Monumente *désaffectés*, verlassen, nicht mehr in Gebrauch: Sie sind ihrer Aufgaben entleert und mit ihnen auch der Affekte, die jene weckten. Die Pyramiden Ägyptens oder Mexikos, die Kaiser- oder Königspaläste, die Tempel und Kathedralen werden unentwegt von einem Schlaf übermannt, der sie weder ganz und gar in Schlaf versenken noch einer freien Ruinenexistenz überantworten kann, die ein anderes Leben ausmachen könnte, eine Metamorphose, ja eine Metempsychose – wie es geschieht, wenn die Ruine es dabei belässt, in ihrer Landschaft oder auch in einem anderen Bau aufzugehen, ohne in das monumentale Gedächtnis einzugehen.

Doch der Schlaf ist keine Metamorphose. Allenfalls ließe er sich als Endomorphose verstehen, wie die inwendige Formung oder wie die Formung einer Inwendigkeit da, wo das Innere, versiegelt, gänzlich in die Intentionen und Extensionen der Wachexistenz projiziert erschien. Inwendige Formung, doch ohne Transformation des Seins. Vorläufige Endomorphose, immer in der Schwebe an den Grenzen der Form selbst, Formung einer amorphen und schwer identifizierbaren Substanz, deren allgemeinste und am klarsten umrissene Haltung keine andere ist als eben das Fallen, die Erschlaffung und die Auflösung: entschlafene Schlaffheit des Gottes Morpheus.

2

Ich falle vor Schlaf

Falle ich vor Schlaf, falle ich ins Innere meiner Selbst: meiner Müdigkeit, meiner Langeweile, meiner erschöpften Lust, meines erschöpfenden Leids. Ich falle ins Innere meiner eigenen Sättigung ebenso wie meiner eigenen Leere: Ich werde mir selbst Abgrund und Versinken, die Dichte tiefer Wasser und das Untergehen des ertrunkenen Körpers, der rückwärts in die Tiefe sinkt. Ich falle da, wo ich nicht mehr von der Welt durch eine Abgrenzung getrennt bin, die mir während meines Wachens noch die ganze Zeit gehört und die ich selbst bin, genau wie ich meine Haut und alle meine Sinnesorgane bin. Ich überschreite diese Unterscheidungslinie, ich gleite als Ganzes ins Innerste und ins Äußerste von mir und lösche dabei die Aufteilung dieser beiden vermeintlichen Regionen aus.

Ich schlafe, und dieses *Ich*, das schläft, kann das genauso wenig sagen, wie es zu sagen wüsste, dass es tot ist. Es ist also ein anderer, der an meiner Stelle schläft. Aber so exakt, so vollkommen an dieser meiner Stelle, meinem Platz, dass er ihn ganz und gar besetzt, ohne den kleinsten Bruchteil davon auszulassen oder darüber hinauszugehen. Es ist weder ein Teil von mir, noch ein Aspekt, noch eine Funktion, die schläft. Es ist dieser andere in Gänze, der ich bin, sobald ich all meinen Aspekten und Funktionen entzogen bin, außer dieser Funktion des

Schlafens, die vielleicht keine ist oder aber nur dazu dient, jede Funktion vorübergehend aufzuheben.

Man wird sagen, es handele sich um eine vegetative Funktion. Ich vegetiere, ich werde ein vegetatives, fast ein vegetales Ich: seinem Ort verhaftet, lediglich von langsamen Prozessen der Atmung und des Stoffwechsels durchzogen, mit denen Organe beschäftigt sind, die es sich in schläfriger Entspannung wohlergehen lassen. Ich verdaue friedlich und sehr wirkungsvoll, ohne Störung des Nervensystems. Ein erstaunlicher Gegensinn hat aus der alten Formel »wer schläft, speist« durch eine Umdeutung die Maxime gezogen, dass derjenige, der schläft, sich auf gewisse Weise ernährt. In Wahrheit ging es darum, dem Reisenden anzuzeigen, dass er, wollte er in der Herberge schlafen, dort auch eine Mahlzeit zu sich nehmen und also bezahlen müsse, anstatt seinen Reiseproviant auszupacken.

Der Bedeutungsabwandlung fehlt es jedoch nicht an Scharfsinn: Wer schläft, ernährt sich tatsächlich auf gewisse Weise. Wer schläft, ernährt sich von nichts, das von außen käme. Wie Tiere im Winterschlaf nährt sich der Schläfer von seinen eigenen Reserven. Er verdaut sich gewissermaßen selbst. Mit seiner eigenen Substanz bildet die Nacht auch seine Nahrung. Nicht die Nacht, die ihn umgibt und die gelegentlich durch das Licht ersetzt werden kann, wenn der Schläfer am hellen Tage ruht; sondern jene Nacht, die er zuallererst von selbst in sich selbst sinken lässt, diese Nacht der gesenkten Lider, ja im Extremfall die plötzliche Nacht, die weit geöffnete Augen überfällt. Nacht, die es »über« ihnen geworden ist, doch von innen kommend, von einem Schwinden des Tages im Innern des Schläfers.

Ich bin nur noch bei mir selbst, zu und in mir selbst, in mich selbst gefallen und in diese Nacht gemischt, in der mir alles undeutlich wird, mehr als alles jedoch ich selbst. Ich will sagen: Alles wird mehr als alles ich selbst, alles resorbiert sich in mir, ohne noch zu erlauben, mich wovon auch immer zu unterscheiden. Doch genauso will ich sagen: Mehr als alles werde ich selbst ununterschieden. Ich unterscheide mich nicht mehr eigentlich von der Welt noch von den anderen, weder von meinem Körper noch von meinem Geist. Denn ich kann nichts mehr für einen Gegenstand, eine Wahrnehmung oder einen Gedanken halten, ohne dass sich diese Sache selbst als *zur selben Zeit* ich selbst und etwas anderes als ich selbst seiend spürbar macht. Es entsteht eine Gleichzeitigkeit des Eigenen und des Uneigenen, sodass diese Unterscheidung fällt.

Es gibt Gleichzeitiges nur in der Ordnung des Schlafs. Er ist die große Gegenwart, die gleichzeitige Gegenwart aller Kompossiblen, selbst der Unvereinbaren. Dem Geschäftigen der Zeit, den Heimsuchungen der Vergangenheit und der Zukunft, des Kommens und des Vorübergehens entzogen, falle ich mit der Welt in eins. *Ich* reduziere mich auf meine eigene Ununterschiedenheit, die sich indessen noch als ein »Ich« empfindet, das seine Vorstellungen begleitet, ohne sich jedoch von ihnen zu unterscheiden.

Dieses andere Fallen – das Fallen der Unterscheidungen – tritt dem ersten als Doppel zur Seite und gibt ihm seine wahre Konsistenz: Ich falle vor Schlaf, sprich »ich« falle, »ich« bin nur noch oder aber »ich« »ist« nur noch in dieser Auslöschung seiner eigenen Unterscheidung. In meinen eigenen Augen, die nichts mehr anschauen, die sich selbst und dem schwarzen Fleck in ihnen zugewandt sind, unterscheide »ich« »mich« nicht mehr. Wenn ich von Taten und Worten träume, deren Subjekt ich bin, dann geschieht dies stets auf eine Weise, dass diese Subjektivität sich *zur selben Zeit* nicht oder nur schlecht von dem unterscheidet, was sie sieht, hört und allgemein wahrnimmt. Das ist nämlich das ganz besondere Bewusstsein des Traums, dass es sich denkt und sich nicht denkt als Bewusstsein einer Welt, die ihm entgegengesetzt wäre, wie es die des Wachens ist. In jedem Augenblick glaubt der Träumer sich in der Welt des Wachens und weiß sich in der Welt des Traums, deren Gleichzeitigkeiten, Kompossibilitäten und Verwirrungen ihm nicht entgehen, ihn jedoch nicht genug erstaunen, um ihn aus dem Traum zu holen. Man könnte sagen, der Traum weiß sich unbewusst, und durch ihn hindurch ist es der Schlaf als Ganzes, der sich weiß und sich als solcher will: Sein Fall ist kein Bewusstseinsverlust, sondern das bewusste Abtauchen des Bewusstseins in die Bewusstlosigkeit, die es in dem Maße in sich aufsteigen lässt, wie es sich hineinversenkt. Die Wahrheit dieses Eintauchens überbordet jede Art von Analyse und reißt sie fort.

*

Unter den tausend Söhnen des Hypnos weist Morpheus sich als derjenige aus, der gewandt die Gestalten und Züge der Sterblichen annimmt, im Unterschied zu jenen anderen, die Tiere nachahmen, Pflanzen oder andere Arten von Dingen. So kann Morpheus sein dunkles Gefieder ablegen, zum Bett der Alkyone herniedersteigen und ihr im Traum Ceyx zu erkennen geben, ihren verschwundenen Gatten. Alkyone bewegt die Arme im Schlaf und möchte Ceyx umarmen, doch sie umarmt nur Luft. Sie erwacht, läuft zum Meeresufer und erkennt auf den Fluten den Leichnam ihres teuren Vermissten. Hoch von der Klippe schwingt sie sich zu ihm hinab, denn Flügel wachsen ihr und sie fliegt. Sie umschlingt mit ihren Flügeln den eisigen Körper, mit ihrem Schnabel sucht und liebkost sie seinen Mund. Die Götter verwandeln Ceyx seinerseits in einen Vogel, und das Alkyonen-Paar findet auf den Fluten seine erste Liebe wieder und das schwimmende Nest seiner Hochzeit.

Solcherart ist Morpheus, so ist die Kraft seines Kusses. Anamorphose der wahrhaftigen Form, Metamorphose des Lebens in den Tod und erneut ins Leben, in gestohlenes Leben, in geflogenes Leben, aufgeflogen und über den Wassern schwebend, in feuchtes Leben, in Liebe, die in Wellentälern perlt. Morpheus verwandelt die reine Materie des Schlummers in Gestalt, transformiert sie in Form. Dem Formlosen und dem Fallen gibt er Form und Flug. Seine Metamorphose enthält das Mysterium selbst des

Schlafs: die Zeichnung einer Schattenhaftigkeit, die Gangart, das Zeichen und die Geste der Verflüchtigung mit dem Zauber und der Kraft der Präsenz.

3

Selbst der Selbstabwesenheit

Welches Selbst gibt sich da zu entdecken! Gefallen von den vorgeblichen Höhen des Wachbewusstseins, der Überwachung und der Kontrolle, der Projektion und der Differenzierung, hat man hier ein Selbst, das seiner innersten Bewegung zurückgegeben ist: die der Rückkehr in sich. Was also heißt »selbst«, »sich« in Wirklichkeit, wenn nicht »zu sich«, »für sich«? Selbst bezieht sich auf sich selbst und kommt zu sich selbst zurück, um zu sein, was es ist: »selbst«. »Ich« macht kein »Selbst« aus, denn »Ich« kommt sich nicht zu(rück): *Ich* entgeht sich vielmehr, sei es, indem es sich an die Welt richtet, sei es, indem es sich aus ihr zurückzieht, aber dann genau, um seine punktuelle Unterschiedenheit als »Ich« zu verlieren (das heißt auch als »Du« oder auch als an einem »Wir« oder einem »Ihr« teilhabend). Ich falle in den Schlaf und im selben Zuge lösche ich mich als »Ich« aus.

Ich falle in mich und (m)ich fällt in sich. Es bin nicht mehr ich, es ist nicht mehr ich, es ist selbst und tut nichts anderes als zu sich selbst zurückzukommen. Wir sagen, jemand, der nach einer Ohnmacht das Bewusstsein wiedererlangt, »kommt wieder zu sich«. Doch in Wirklichkeit kommt er zur Unterschiedenheit von »Ich« und »Du« zurück, kommt er zur Distanzierung von der Welt zurück. Ohnmächtig ist er nur Selbst gewesen, unmittelbar auf sich selbst bezogenes Selbst, und zwar derart, dass dieser Bezug selbst, diese Rückkehr von sich zu sich als Rückkehr annulliert wird, denn sie ist alles in allem im Schlaf gegeben, als Abkürzung, ja als Kurzschluss jeder Art von »Rückkehr«.

Der Unterschied liegt nichtsdestoweniger darin, dass die Ohnmacht gegen das Dafürhalten des »Ich« geschieht, das dem Schlaf dagegen meist zustimmt und ihn begehrt. Es muss am Ende wohl darin versinken, auch seine Zustimmung verlieren und nichts anderes werden als sein eigenes Fallen, bis zu dem Punkt, wo dieses Fallen genau darin besteht, nicht mehr »eigen« zu sein, sondern in jenen indistinkten Raum zu gelangen, in dem wir alle schlafen, die einen wie die anderen – aber dennoch nicht mehr und nicht weniger, als wir wachend die einen wie die anderen sind, so lange, wie es darum geht, nur das »Wachen« als solches zu betrachten.

Nicht mehr eigen zu sein, nicht mehr eigentlich im Bezug des Selbstbesitzes zu sein, sondern tiefer und dunkler bei sich zu sein, dass die Frage des »Eigenen« zu erlöschen tendiert (Bin ich denn ich? Bin ich eigentlich das, was ich bin, was ich zu sein habe?), das läuft darauf hinaus zu schlafen, denn es verlangt nach der Zerstreuung der Frage und der Unruhe, die sie beseelt. »Wer bin ich?« zerfällt im Fallen des Schlafes, denn dieses Fallen trägt mich zur Abwesenheit von Fragen, zur unbedingten und unzweifelhaften Bejahung – jedem Regime von Zweifel, jeder Bedingung von Identifikation fremd – eines Bei-sich-Seins, das keine Entfaltung duldet, keine Analyse seiner Struktur. Es ist weder in einer Problematik des »Selbstbezugs« noch der »Selbstgegenwart« zu beurteilen: Weder Bezug noch Präsenz sollen sich hier geltend machen, genauso wenig die allgemeine Form oder Logik des »zu«, des »zugehören« als »sein zu«: Im Schlaf gibt das »zu« dem »in«/»an« Rechenschaft. In sich, an sich ist der Schläfer, so *an sich selbst,* wie es das kantsche *Ding* sein kann, das heißt das Da-Sein, gesetzt, die Position selbst, unabhängig von jeder Erscheinung und jedem Erscheinen.

Das Schläfer-*Selbst* erscheint nicht: Es phänomenalisiert sich nicht, und wenn es sich träumt, dann, wie ich gesagt habe, gemäß einem Erscheinen, in dem keine Unterscheidung zwischen Sein und Erscheinen greift. Der Schlaf lässt keine Analyse irgendeiner Form von Scheinen zu, denn er zeigt sich sich selbst als dieses Scheinen, das sich nur als nichterscheinend erscheint. Es erscheint sich als eines, welches das gesamte Erscheinen auf sich und an/in sich zurückwendet und den wachen Phänomenologen, der sich seinem Bett nähert, nur noch die Erscheinung seines Verschwindens, die Bezeugung seines Rückzugs wahrnehmen lässt.

Es gibt keine Phänomenologie des Schlafes, denn er lässt von sich nur sein Verschwinden, sein Vergraben und sein Verbergen sehen. Sich entziehend aber erbringt er im Gegenzug – ferner und stärker als jede Phänomenalität – die Möglichkeit einer Niederlegung der Intentionen und Absichten, ebenso wie der Ausfüllungen mit Sinn. Der Sinn, hier, füllt nicht und erhellt nicht. Er überbordet und verdunkelt die Bedeutung, er macht Sinn nur, indem er sich als sich nicht mehr erscheinend empfindet.

In diesem Nichterscheinen zeigt sich eine einzige Sache. Doch sie zeigt sich nicht den anderen, und in eben diesem Sinne erscheint sie nicht. Sie zeigt sich sich selbst und, besser noch, der gesetzten Distinktion gemäß, sie zeigt sich *an/in* sich selbst, sie erscheint sich in diesem winzigen und intimen Zwischenraum zwischen sich und selbst, da, wo selbst selbst ist. Deshalb ist seine philosophische Formel durchaus jenes »ich bin«, jenes *ego sum,* an dem Descartes nicht bezweifelt, dass es unabhängig davon ist, ob ich schlafe oder nicht, und unabhängig davon, ob alles, was ich wahrnehme, zur Ordnung des Traums gehört oder nicht.

So von der Bewusstlosigkeit eines Schläfers gemurmelt, zeugt »Ich bin« jedoch, wenn es vernommen wird, weniger von einem eigentlich gedachten »Ich« als von einem einfach in sich zurückgezogenen »Sich«, außer Reichweite jeder Befragung und jeder Repräsentation. Von der Bewusstlosigkeit gemurmelt, wird »ich bin« inintelligibel, es ist eine Art Grummeln oder Seufzen, das den kaum geöffneten Lippen entweicht. Es ist ein präverbales Rinnen, das auf dem Kopfkissen eine kaum sichtbare Spur ablegt, als wäre ein wenig Speichel aus diesem schlummernden Mund gesickert.

Der oder die also, deren Mund eine wirre Daseinsbezeugung murmelt, ist nicht mehr »ich« und ist nicht wahrhaftig »sich«, »selbst«: Sondern jenseits der beiden oder ganz einfach abseits, indifferent gegenüber jeder Art von

Ipseität, ist er oder sie in/an sich im Sinne des Dings an sich, wie Kant es geprägt hat, wobei er mehr als ein Missverständnis riskierte. Das Ding an sich ist nichts anderes als das Ding selbst, doch jedem Bezug zu einem Subjekt seiner Wahrnehmung oder zu einem, der es handhabt, entzogen. Das Ding, abseits, abgerückt von aller Manifestation, von aller Phänomenalität, das eingeschlafene Ding in Ruhe, geborgen vor den Wissen, den Techniken und den Künsten aller Art, befreit von Urteilen und Perspektiven. Das nicht gemessene, nicht messbare Ding, das in seiner unbestimmten und nichterscheinenden Dinglichkeit konzentrierte Ding.

> Der *Schlaf* ist der Zustand des Versunkenseins der Seele in ihre unterschiedslose Einheit, das *Wachen* dagegen der Zustand des Eingegangenseins der Seele in den Gegensatz gegen diese einfache Einheit.[2]

Das schlafende Selbst ist das Selbst des Dinges an sich: Ein Selbst, das nicht einmal *sich* von dem unterscheiden kann, was nicht »sich«/»Selbst« ist, ein Selbst ohne Selbst gewissermaßen, das aber in diesem ohne-sich-Sein/ohne-Selbst-Sein seine wahrhaftigste autonome Existenz findet oder berührt. Mehr noch, diese Existenz muss zu Recht absolut genannt werden: *ab-solutum*, das ist das von allem Abgelöste, es ist das, wovon jedes Band, jeder Bezug, jeder Anschluss oder jede Zusammensetzung ausgeschlossen und abgesondert, verworfen ist. Es ist das, was sich wesentlich ent-bindet, sich ablöst, ja sich jeglichen Bezuges zu seiner eigenen Ablösung entledigt. Das Ding an sich weiß nichts von den anderen Dingen, und alles, was ihm erscheint oder was sich ihm spürbar macht, kommt nur von ihm selbst, kommt ihm in/an sich von sich, ohne dass es eine Distanz zu durchlaufen, ohne dass es eine Repräsentation vorzustellen hat.

Es ist nicht Vorstellung, nicht Repräsentation, es ist kaum Präsentation oder Präsenz. Die Präsenz des Schläfers ist die Präsenz einer Abwesenheit, das Ding an sich ist Ding keines Dings. Eine dennoch massive Masse, zusammengedrängt, eingerollt, um dieses Selbst herum geschmiegt, das in einer Inexistenz beharrend, insistierend existiert. Dennoch nicht in eine Betäubung verdrängt oder zurückgestoßen: vielmehr in der Stimmung einer Inbrunst, einer Verehrung der Welt, in der es seinen fremden Frieden eröffnet.

4

Gleiche Welt

Alles kommt sich selbst und dem Rest der Welt gleich. Alles gibt sich der allgemeinen Äquivalenz anheim, in der ein Schläfer so viel wert ist wie irgendein anderer Schläfer und jeder Schlaf so viel wert ist wie alle anderen, egal wie er scheinen mag. Denn »gut« oder »schlecht« schlafen läuft nur auf mehr oder weniger schlafen hinaus, mehr oder weniger ununterbrochen, mehr oder weniger unruhig. Die Unterbrechungen und Unruhen, auch diejenigen, die manchmal dem Schoß des Schlafes selbst plötzlich entsteigen, wie Alpträume, die uns angstvoll und schweißgebadet wach werden lassen, die Zwischenfälle des Schlafs gehören ihm nicht an.

Er selbst kennt nur die Gleichheit, das allen gemeine Maß, das keine Abstände und keine Disparitäten zulässt. Alle Schläfer fallen in denselben identischen und einförmigen Schlaf. Denn dieser besteht genau darin, sich nicht zu differenzieren. Deshalb ist die Nacht ihm angemessen, die Dunkelheit, das Schweigen. Und ebenso eine notwendige Fühllosigkeit – eingeschlafen sein müssen Leidenschaften, Schmerzen oder Freuden, auch das Begehren muss ruhen, und der Kontakt selbst oder der Geruch des Bettes, der Laken und des Gefährten oder der Gefährtin, wenn vorhanden, mit dem oder der man schläft.

Alle schlafen in der Gleichheit desselben Schlafes – alle Lebenden – und deshalb könnte es seltsam erscheinen zu behaupten, dass zusammen zu schlafen ein höchst riskantes Unterfangen ist. Dennoch wissen wir das sehr wohl, und für uns zumindest, wir, deren Kultur den kollektiven Schlaf unserer Vorfahren vergessen hat, ruft zusammen schlafen nicht mehr und nicht weniger ins Bewusstsein als das, was wir derber (aber warum derber? außer, wir hätten den Sinn der Worte dementsprechend gewendet, zumindest im Französischen) »miteinander schlafen« nennen.

Zusammen zu schlafen eröffnet nicht weniger als die Möglichkeit, ins Intimste des anderen einzudringen, nämlich in seinen Schlaf. Der glückliche, ermattete Schlaf der Liebenden, die gemeinsam versinken, verlängert ihren Liebesflug in eine lange Schwebe hinein, in eine Fermate, die bis an die Grenzen der Auflösung und des Verklingens ihres Einklangs selbst gehalten wird: vermischt, entmischen ihre Körper sich unmerklich, mögen sie mitunter auch bis zum Ende des Schlafs umschlungen bleiben, bis zu dem Moment, wo ihnen die Freude wiederkehren wird, wie erneuert vom Vergessenwordensein, vom Verdunkeltsein während ihres Schlummers, dem Moment, wo ihre wendigen Körper wieder auftauchen, nachdem sie entsunken waren in den Tiefen der Wasser, die sie selbst verströmten.

Die Trennung, Komma, zwischen der Bewegtheit *(émoi)* und mir *(et moi)*, beim Erwachen, gleicht dem Loslösen *(décoller)* (der Ablösung *(détachement)* des Halses *(cou)* und des Klebers

> *(colle)*, und die Loslösung/Enthauptung *(décollation)* einer sublimierenden Idealisierung, die aufhebt, was sich ablöst. Die Unentschiedenheit, das Schwanken und zitternde Vibrieren, in denen sich die Idealität ankündigt, wird immer als Erbeben, ihr(e) Erzittern usw. bezeichnet werden: »Diese Art von Erbeben erhöhte auch mein Glück, denn es bewirkte, daß unser zitternder Kuß sich zu lösen, zu idealisieren schien. [...] daß er ständig hellwach war und daß er während unserer Umarmung nicht bewegt *(ému)* gewesen war; sonst hätte er bei dem Geräusch trotz seiner schnellen Reaktion einen leichten Schmerz gefühlt, sich lösen zu müssen aus der Bewegtheit, und mir *(l'émoi, et moi)*, der ich an ihm klebte, hätte dieses leichte Unbehagen, diese Loslösung *(décollation)* von einem hauchfeinen Leim *(glu subtile)*, auffallen müssen.« *(Wunder der Rose)*[3]

Doch dieses Vergessen selbst hat teil am Genießen, in dem nichts zu nehmen und nichts zu bewahren, nichts zu gewinnen noch zu retten ist: alles vielmehr loszulassen. Der Schlaf genießt, den Genuss zu verlängern, dessen Verdampfung und Erschöpfung er vollendet und verzehrt. Er gewährt der Potenz des Erlöschens, die der Inbrunst innewohnt, ihr volles Recht: Er verschafft ihr nicht die vorgeblich auf die Spannung folgende Lockerung, sondern jene sehr subtile Umwandlung der Spannung in Intensität der Entspannung, die die Physik Trägheit nennt und die einen Körper so lange in seinem Schwung bewahrt, wie keine Reibung der umgebenden Materie seinem Lauf Widerstand entgegensetzt.

Zusammen schlafen läuft darauf hinaus, eine Trägheit zu teilen, eine gleiche Kraft, die die beiden Körper zusammenhält, wie zwei Barken dicht nebeneinander auf dasselbe offene Meer fortschaukeln, auf denselben Horizont zu, den immer wieder aufs Neue Nebel verschleiern, deren Ununterschiedenheit Morgengrauen und Abenddämmerung, Sonnenuntergang und Sonnenaufgang ununterscheidbar werden lässt.

*

Denn es ist tatsächlich der große gleiche Schlaf der ganzen Erde, den jene miteinander teilen, die zusammen schlafen. In ihrem »zusammen« bricht sich die Gesamtheit, das Zusammen aller Schläfer: die Tiere, die Pflanzen, die Flüsse, die Meere, die Sande, die Sterne, die auf die kristallinen Sphären des Äthers gesetzt sind, und der Äther selbst, der eingeschlafen ist. Doch die Wahrheit des Äthers – ob er nun existiert oder nicht existiert, wie wir seit Michelson und Morley wissen – ist, dass er einschläft und dass er unser planetares System mit sich in Schlaf versetzt. Der große Schlaf, die große Weltennacht ist es, die uns umgibt und auf die wir unaufhaltsam in einer unendlichen Ausdehnung zutreiben.

Damit es jedoch Nacht gibt, muss es Tag geben. Der Tag führt die Nacht als seine eigene Differenz ein und als den Wechsel, demgemäß allein er *Tag* sein kann: zugleich Licht und Zeitperiode. Doppelte Skandierung, doppelter Wechsel, von Licht und Dunkelheit, von der Einheit der

Zeit, die auf sich selbst folgt. Doppelter Rhythmus, solar und lunar, wach und schlafend. *Fiat lux* – und es ward der erste Tag, der ganz aus seinem alleinigen Tagesglanz besteht, doch es ward zur selben Zeit die Zeit selbst, der rhythmische Wechsel der Tage und Nächte. Der erste Tag der Welt, die erste Nacht, die erste Differenz. Sich selbst gleich, macht dieser Rhythmus täglich den Tag, macht an jedem Tag und allen Tagen, die Gott macht – wie man zu Zeiten Gottes sagte –, die Aufeinanderfolge selbst, die Sukzessivität der Zeit, die sich selbst gleich in ihrem beharrlichen Takt vergeht.

Nun verteilt sich diese Gleichheit mit sich noch gemäß der rhythmischen Unterscheidung zwischen der Ungleichheit des Tages und der Gleichheit der Nacht. Der Tag ist aus sich selbst heraus der Ungleiche, der Singuläre, ganz wie das anfängliche *lux* nichts anderes war und noch immer nichts anderes ist als die Differenz selbst, die Teilung der uranfänglichen Ununterschiedenheit eines Chaos, einer *Khôra*, eines Magma, einer sprudelnden Quelle. Der Tag ist immer ein anderer Tag, er ist allgemein der andere des Selben. Morgen ist ein anderer Tag, das heißt wieder ein Tag und ein unterschiedlicher Tag. Den Übergang zu diesem anderen schafft die Gleichheit der Nacht. Alle Nächte sind gleich. Alle heben gleichermaßen die Zeit der Differenz in die Schwebe, die Zeit der Differenzierungen aller Arten, wie jene des Sprechens, der Nahrung, des Kampfes, der Reise, des Denkens.

Die Nächte können sich durchaus voneinander unterscheiden bis hin zum Gegensatz zwischen der schlaflosen und der unter bleiernem Schlaf versiegelten Nacht. Sie können die Kontraste brennender Lampen und erloschener Feuer, nächtlicher Feste und dösender Hausgemeinschaften bieten: Nichtsdestoweniger ist es die Nacht, die immer wiederbegonnene Nacht. Die Tage ihrerseits können sich durchaus ähneln in der völligen Monotonie der Wiederholung, im *Alltäglichen*, dessen Name »Alle Tage dasselbe« bedeutet, doch heben sie sich jeden Tag kontrastreich voneinander ab, so wie ein Licht sich von einem anderen unterscheidet und ein Schatten von einem anderen.

Die Nacht löscht den Bezug des Lichts zum Schatten. Die Nacht bringt beharrlich die Indifferenz in das Differente zurück, sie findet die vorige Welt wieder, das Magma, das Chaos, die *Khôra*, die auf sich selbst gesetzte Gleichheit, die liebenden Körper in den Tiefen der Wasser, die Äquivalenz der Stunden, die nicht mehr vom ungleichen Schatten einer Sonnenuhr eingeschrieben und nur von der konstanten und arbiträren Einheit des fallenden Wassertropfens gemessen werden, oder auch die Äquivalenz des Überganges eines Atoms Zäsium 133 vom Zustand A in den Zustand B.

*

Die Nacht gebiert den Schlaf. Ohne sie hätte er weder Anlass noch Ort, und die Lebenden wären so organisiert, dass sie, ohne sich zu erschöpfen, in einem immerwährenden Tag tätig wären. Deshalb übrigens sind die Produktionssysteme vom Nachtdienst besessen, dem Ausgreifen der Arbeit auf die Nacht, ihrer Invasion durch Arbeit. Nachtschichten werden eingesetzt, künstliche Beleuchtungen eingerichtet, man verjagt die Nacht, die Schwebe, das Schwächerwerden des Tages und seines Lichts. Man unterdrückt den Rhythmus von ungleich und gleich, man macht alles gleich in der unablässig erneuerten Ungleichheit von Input und Output, der Messwerte von Druck, Spannung, Lagerung und Lagerräumung, Ladung und Entladung.

Doch was die Nacht betrifft, die Nacht, die um die elektrifizierten Werkstätten und Büros herum weiterhin besteht, lässt kein anderes Maß zu als sich selbst. Sie umkleidet *[enrobe]* den Tag und entzieht ihn *[dérobe]*. Sie setzt ihn in Reserve für diesen anderen Tag, der ihn erwartet und den er erwartet, während sie den Raum und die Zeit dieses Wartens einnimmt. Sie setzt die Setzungen ab, sie entwaffnet die Aktivierungssysteme, sie entknotet die Netze, und in der so geschaffenen Ununterschiedenheit kommt jene große dunkle Wolke, in die sich alles einhüllt und entzieht: diese Wolke, die wir »die Nacht« nennen, die sanfte Nacht, die mit unmerklichem Rascheln ihrer langen gestirnten Röcke dahinschreitet.

Der Schlaf kommt, ihr zu begegnen, er erkennt sie als sein Gesetz und als sein Element: Er folgt ihr auf dem Fuße oder lässt sich eher in ihrem trägen Gleiten mitziehen, er schließt sich ihrer Sache an, ihrer bohrenden Forderung nach Gleichheit. Der Schlaf ist die Anerkennung der Nacht: Er grüßt sie und erweist ihr Ehre. Er lässt sich von ihr adoptieren. Er geht in ihr auf. Der Schlaf wird zur Nacht selbst. Er wird selber zur Rückkehr in die unvordenkliche Welt, in die Welt unterhalb der Welt, in die Welt der dunklen Götter, die kein schöpferisches Wort sprechen.

5

To sleep, perchance to dream,
ay, there's the rub…

Der Eingeschlafene schließt die Augen, um sie der Nacht zu öffnen. Was er in sich selbst sieht, unter seinen Lidern, die mit dem Schlaf zufallen und bereits den ganzen Tag über nur da waren, um durch das kurze Senken ihrer Schirme zu gestatten, sich das stets mögliche Nahen einer Nacht am hellen Tag vor Augen zu halten, die Möglichkeit oder gar Notwendigkeit, den Forderungen der Wachsamkeit zu entgehen, das ist nichts anderes als die Nacht selbst. Denn die Nacht – im wesentlichen Unterschied zum Tag – ist nicht weniger innerlich als sie äußerlich ist. Der Tag ist ganz und gar draußen, der Tag ist vor den Augen, an den Hand- und Fußspitzen, auf der Zunge und am Saum des Ohrs. Die Nacht macht draußen und drinnen identisch, das Auge sieht in ihr die Unterseite der Dinge, die Rückseite der Lider, die unsichtbare Schicht der Kehrseiten, der Unterbauten, der Krypten, der nach außen gewendeten Häute. Es ist die Welt der *Substanz,* das, was sich unterhalb hält, was darunter liegt und selbst auf nichts anderem hält oder liegt. Was weder *Akzidens* noch *Attribut* ist, das heißt, was bei nichts ankommt und sich auf nichts bezieht oder anwendet außer auf sich selbst: was ganz sich zugehört und keinem anderen Subjekt oder Support, keiner Instanz begründender Vernunft oder Rechtfertigung.

Die Nacht regiert ohne Grund, und der Schlaf schließt sich ihrer Preisgabe der Begründung an, die diese aus dem Spiel und aus dem Blickfeld nimmt. Noch genauer: Es wäre vorstellbar gewesen, dass die Schlafenden nicht des Nachts schlafen, dass sie überhaupt nicht schlafen oder dass sie den Tag-Nacht-Rhythmus umkehren wie es einige von ihnen tun, Fledermäuse, Vampire und Uhus. Doch musste die Sache der Nacht angehört werden. Übrigens muss zuallererst jener, der das *Fiat lux* sprach, einen gewissen Teil am Schlaf gehabt haben. Gott muss geschlafen haben, von der ersten Nacht an, denn sonst hätte er die Folge seines Werks nicht auf den nächsten Tag verschoben. Er hat jede Nacht geschlafen, und er schläft immer noch in allen Nächten, die alle Tage voneinander trennen, die er weiterhin macht oder die sich weiterhin ohne ihn machen. Er hat jede Nacht geschlafen, wie er noch immer in allen Nächten schläft, die alle Tage – seien sie von ihm gemacht oder nicht – voneinander trennen.

Der Schlaf ist aus diesem Grunde göttlich, und was sich in ihm an ganz eigentlich Göttlichem offenbart, ist die vorübergehende Aufhebung des schöpferischen Wortes. Kein »Es sei!« wird mehr gesprochen, es gibt keinerlei Befehl mehr, der etwas ins Sein ruft. Es gibt einen schweigenden Gehorsam gegenüber der Differenz des Seins: gegenüber diesem »Nichts«, diesem »keine Sache«, »kein Ding«,[4] diesem *ex nihilo*, welches das Licht als erstes in der Bewegung, mit der es aus ihm entsprang, in den Grund der Finsternis zurückgedrängt hat. Das Licht hat das Nichts als Finsternis geformt: Es hat es als das

Gestaltlose, das Figurlose konfiguriert, als das allen Dingen entzogene Ding.

Was der Schläfer sieht, ist dieses verdunkelte Ding. Er sieht die Eklipse selbst: nicht den Strahlenkranz, der sie säumt, sondern das vollkommen finstere Herz der Eklipse des Seins. Diese Finsternis indes ist keine Unsichtbarkeit: Sie bietet vielmehr die volle Sichtbarkeit dessen, dass es vor mir – in diesem *Vor*, diesem *Gegenüber [au-devant]*, in dem jede Figur sich figurieren, jede Farbe schillern, jede Zeichnung sich ziehen kommt – kein »vor« mehr gibt und alles darin äquivalent mit »hinter« oder »nirgends« wird. Es gibt keinen Teil des Sichtbaren, folglich auch keinen des Unsichtbaren. Es gibt kein Teilen mehr und keine Unterteilung. Alles, was aus dem Draußen kommen oder sich dahin flüchten könnte, alle vorgeblichen »Botschaften« oder auch alle Gedanken, mögen sie vom Auge oder vom Ohr, von der Nase, vom Mund oder von der Haut, den Nerven, den Eingeweiden, den Neuronenketten, den Muskeln und Sehnen, den Willensäußerungen oder den Imaginationen, den Begierden oder den Leiden sein, alle Gedanken ohne Ausnahme verschwinden nicht – weit gefehlt! –, sondern kommen und spielen frei, indistinkt distinkt, in der Ausdehnung des Nirgendwo, im Null-Teil dieser verfinsterten, am Punkt der schlafenden Gleichheit zusammengerollten Welt.

So kommt, mitunter, plötzlich der Traum auf. »Vielleicht«, wie Hamlet sagt[5] – jener, dessen ganzes Leben und Denken auf gewisse Weise nur dem Schlaf gewidmet sind, seinem Fall *[tombée]* wie seinem Grab *[tombe]*. *Vielleicht* der Traum, das heißt vielleicht etwas von der Nacht, das in den Tag übergeht, als Glücksfall, als Unglücksfall oder aus einer Laune des Zufalls. Plötzlich findet das Erwachen neben sich einen aus dem Schlaf herrührenden Fetzen. Etwas ist aus dem Nichts herübergebracht worden, und es ist tatsächlich eine Konfiguration von Nichts: Szenen, oft farbenprächtig und kräftig in Klängen jeder Art, deren dichte Konsistenz sich in der Schärfe des Tages jedoch urplötzlich trübt und zerfällt, ja selbst in den Phantasien oder in den Phantasmen der Deutung, die sich am Ende regelmäßig und notwendig in den Tiefen jenes *Nabels des Traums* verliert, von dem Freud spricht, um deutlich hervorzuheben, dass sich hier alles vor der Geburt abspielt, vor jeder Unterscheidung und jeder Trennung, vor jedem Erkennen von Person und Sinn.

Der Traum wie das Wachen, dem Wachen gleich und als Wachen. Der Traum an der Stelle des Wachens. Der Wachtraum bildet bereits den Schlaf am hellen Tage, den Schlaf mitten im Wachen. Die Wachsamkeit des Wachens lässt sich gehen. Die zerbrechliche Träumerei lässt das Wirkliche farblos werden und übermalt es wieder, flächig, ohne Tiefe, in dünnen, aneinanderstoßenden Schichten, eine schläfrige Welt, in welcher der Schläfer sich vergräbt und verliert. Wenn er dort angelangt ist, wo weder die geringste Festigkeit noch die mindeste Dichte irgendeiner Art von Draußen mehr bestehen, kann sich der Traum erheben. Oder vielmehr kann er sich ausbreiten, so wie eine gemächliche Malerei langsam auf die schwarze, am Grunde des Schlafes aufgespannte Leinwand gelegt wird:

eine fahle oder falbe Malerei, fauvistisch, pointillistisch oder hyperrealistisch, mit großen Farbfeldern und lässigen Pinselstrichen, unbeweglich in der Bewegung und unruhig in der Bildaufnahme, von der man ahnt, dass sie mithilfe einer Montage von Linsen realisiert wird, die zu kompliziert ist, um den Mechanismus auseinanderbauen zu können, dessen Präsenz indes ganz nah zu spüren ist, Apparat aus Kupfer und Ebenholz mit vergrößernden und verzerrenden Gläsern, mit Lupen und geschliffenen Spiegeln, kinematographische Maschine ohne Motor, doch mit Zooms und Travellings und Kränen ausgestattet, die ineinandergeschachtelt sind und sich mühelos verschieben, ohne den Raum ihrer Transporte erfassen zu lassen. Diese Beweglichkeit dringt in das kaum geformte Bild und geht durch es hindurch wie ein Stein durch die Oberfläche eines Teichs, der in konzentrischen Kreisen um sich herum die wiederholten Modulationen des zentralen Motives zittern lässt, dessen Zeichnung sich zur selben Zeit verliert und plötzlich anderswo wieder zusammensetzt, unerkennbar, ersetzt und trotz allem dem Motiv überlagert, das sie ersetzt und zugleich verdoppelt, eine unentscheidbare Figur zeichnend, gegen deren krasse Ambivalenz der Geist des Träumers sich mit der Eindringlichkeit einer im Zweifel verklebten Gewissheit geschleudert fühlt. Er weiß bereits nicht mehr, ob er den Faden verloren hat oder ob er niemals auch nur begonnen hat, den geringsten Anschein davon zu erfassen; er realisiert, dass alles irreal wird, indem es ihm die Sache in dem Maße entzieht, wie sie ihr Gewicht wiegt und ihn mit ihrer schweren, beschleichenden, ja bedrohlichen Präsenz affiziert, und wenig fehlt, dass er schreit, doch sein Schrei selbst kann sich nicht schreien: Der Klang scheint abgeschnitten, erstickt, ehe er sich überhaupt erst am Grunde seiner Kehle gebildet hat, während sich vor ihm auf der Leinwand, auf dem buntgemusterten Diorama der Phantasmagorie die vertrauten Gesichter zu erkennen geben, durch seltsame Züge verkompliziert, gewöhnliche Situationen feierlich geworden und erotische Erschütterungen zerschellt an Häuten, die eine präzise Empfindung tränkt, welche scharf und unnachahmlich ist und aufs Genaueste das Muster und die Stimme einer alten Begierde nachahmt, einer lange unterdrückten Kühnheit, deren Fühler das feine Traumgespinst eben hier, während sie sich aufschwingt, gefangen hält wie eine Spinne die eines Insekts in ihrem Netz. Und auf diese Weise löst sich die auf dieser Jahrmarktsbühne leise schwankende, bemalte Leinwand auf in ein Netzwerk silbriger Fäden, auf denen ein Tautropfen oder eine Träne zittert, deren baldiger Fall das Netz zerreißen und die Spinne aufschrecken wird, deren Füße sich schließlich in den Grund der träumenden Augen graben, bis zur affizierten Netzhaut, auf die sich bald das plötzlich erkannte Flimmern des Erwachens legen wird, dieses Wachens, dessen Platz so gut, so treffend, so zuinnerst und so unumkehrbar erfüllt gewesen sein wird, dass es dem Träumer eine Zeitlang unmöglich ist, nicht in seiner Seele und seinem Bewusstsein zu zweifeln, ob es nicht da war, ob es nicht noch jetzt und ganz genau da ist, vor ihm in der Nacht, die ihm indes erneut ihre vibrierende Schwärze enthüllt, die wahrhafte und unanfechtbare Wahrheit, die ihn eher am vielleicht ganz unechten Sinn seiner Situation eines Schläfers zweifeln lassen sollte, der erwacht ist vom Fall seines eigenen Traums weiter in den Schlaf hinein, der ihm nunmehr entgeht. (Im Morgengrauen kommt das Tier den Saft der Nachtblumen auflecken.)

Diese Zeit des Zweifels, ob ich träume oder wache, ist die allereigenste Zeit des Bewusstseins, das sich weiß, ohne zu wissen, was es, sich so wissend, weiß. Es weiß gut, dass es Bewusstsein ist, doch weiß es nicht, wessen es bewusst oder nicht bewusst ist, und schließlich ist ihm unbekannt, was »Bewusstsein« besagen soll und welchen Objektkorrelats oder Korrelats des Meinens ein Bewusstsein sich vergewissern darf: Es weiß sich nur im Zweifel darüber, ob um es herum Nacht ist oder ob der Tag angebrochen ist, und so kann es sich nur einer Sache vergewissern, nämlich dass in der Tiefe seines Seins oder seines Zustands allertiefste Nacht ist, schwarze Nacht, deren wackerer Schlafwandler es selber ist. Dürfen wir sagen, wie Freud annimmt, der Schlaf setze die Abwehr herab? Müssen wir nicht vielmehr dieses beträchtliche Anwachsen unserer Welt betrachten, das der Nacht eines Außerhalb der Welt gleichkommt, in dessen Schoß wir schweben wie Kosmonauten, die, während sie in ungeheure Anzüge gekleidet im Weltraum arbeiten, ihre Gesten ungewiss und ihre Gedanken nebulös scheinen lassen? In ihrer ungefähren äußeren Erscheinung aber führen die Kosmonauten präzise Manöver und schwierige, heikle Operationen aus. Genauso die Manöver, die Operationen, die Vorgehensweisen, die Techniken und die Künste, die sich in den weiten Räumen des Schlafs entfalten.

*

Der Schlaf der aus der Schuld ist
Schlaf, der den Wirbel unsrer Sorgen stillt
Der tägliche Tod, das Heilbad der Geschundnen
Balsam für Herzweh, zweiter Gang der Natur
Und Hauptgericht des Lebens.[6]

6

Wiegenlied

Laß uns schlafen, bewußtlos. Brust an Brust,
Vermischten Atems, traumlos Hand in Hand.[7]

Erst einmal aber muss man überhaupt eingeschlafen sein. ›Einschlafen‹ ist im Französischen ein reflexives Verb, *s'endormir,* ›sich einschläfern‹, und dieses verleitet zu einer Illusion. Niemand schläfert sich selber ein: Der Schlaf kommt von anderswo. Er überkommt uns, überfällt uns, er lässt uns in ihn fallen. Man muss also eingeschläfert worden sein. Man muss eingeschläfert worden sein vom Schlaf selbst – vom Schlaf der Müdigkeit oder vom Schlaf der Lust, vom Schlaf der Langeweile –, oder aber über irgendeinen anderen Weg zu seinem Reich.

Was zum Schlaf führt, hat die Form des Rhythmus, der Regelmäßigkeit und der Wiederholung. Es handelt sich um nichts anderes als um einen Mimetismus, denn der Schlaf selbst ist Rhythmus, Regelmäßigkeit und Wiederholung. Schlafen besteht nicht in einem Prozess, der dem des Gehens, Essens oder Denkens vergleichbar wäre. Die einzigen Prozesse, die zum Schlaf gehören, sind Atmung und Kreislauf. Sie sind ihrerseits zur Ruhe gebracht, sie finden darin einen langsameren Takt, eine tiefere Amplitude, die sich kaum nach verschiedenen Momenten differenziert.

Im Einschlafen wiegt sich der Körper im Rhythmus seines Herzens und seiner Lungen.

In den Kulturen haben sich die verschiedenartigsten Formen des Wiegens entwickelt, ob das Kind nun auf dem Rücken der Mutter auf dem Weg zum Waschplatz oder zum Brunnen gewiegt wird oder in allen möglichen Wiegen und Körbchen, die mit dem Fuß oder mit der Hand bewegt werden, an Seilen hängen, auf einem Gestell befestigt sind oder auf dem Wasser schwimmen; ob das Kind in den gekreuzten Armen geschaukelt wird oder beim Ritt auf dem Esel oder Kamel, während der Autofahrt oder in jenen Tragegeschirren, die junge Väter einer technischen Subspezies der Beuteltiere ähneln lassen, nicht zu vergessen die Spieluhren und die gemächlichen Mobiles über den Betten der Kleinkinder.

Doch egal wie alt, niemand gelangt in den Schlaf ohne ein Wiegen nach seiner Weise. Niemand kann darauf verzichten, mitgezogen zu werden von einem Takt, den er nicht einmal wahrnimmt, denn es ist eben jener Takt der Abwesenheit, die in die Anwesenheit eindringt, manchmal in einer einzigen Bewegung – in einem einzigen Schub, mit dem der Anwesende plötzlich neben sich selbst schwebt –, manchmal in mehreren Malen – in mehreren aufeinanderfolgenden Wellen, wie eine Flut am Sand leckt und ihn mit jeder neuen Welle ein wenig weiter oben tränkt und Flocken von Schlafschaum niederlegt. Das Wiegen schläfert uns ein, weil der Schlaf in seinem Wesen selbst ein Wiegen ist, kein stabiler unbeweglicher Zustand. *Lullaby*: Man bezaubert, umsäuselt, schläfert das Misstrauen ein, ehe man die Wachsamkeit selbst einschläfert, man gleitet sanft nach Nirgendwo – *swing low, sweet chariot, comin' for to carry me home.*

So wie die Nacht eine Zeit des kosmischen Rhythmus und der Schlaf eine Zeit des biologischen Rhythmus figuriert, genauso komponiert der Schlaf in sich den Rhythmus, in dem sich seine tiefe Natur widerspiegelt. Beim Wiegen handelt es sich um oben und unten wie um rechts und links, um große Symmetrien, Dissymmetrien und Wechsel, welche die Kristalle, die Gezeiten, die Jahreszeiten steuern, die Zyklen der Planeten und ihrer Satelliten, den Austausch von Sauerstoff und Kohlenstoff, Empfang und Ausgabe von Signalen, die Verdauungen und Ausscheidungen, die Nervensysteme, die Anziehungen und Abstoßungen zwischen Metallen, zwischen Faunen und Floren, zwischen Geschlechtern, zwischen Sternenmassen, schwarzen Löchern, Quarks und infinitesimalen Staubhageln … Es handelt sich, um zu enden oder eher um anzufangen, um das anfängliche Schlagen zwischen etwas und nichts, zwischen der Welt und der Leere, was auch bedeutet, zwischen der Welt und ihr selbst.

Es handelt sich um das Dazwischen, ohne das kein Wirkliches Platz nimmt und ohne das folglich kein Wirkliches wirklich ist ohne Bezug auf irgendein anderes Wirkliches, von dem es das Intervall trennt, das sie voneinander unterscheidet und aufeinander bezieht gemäß dem Pulsschlag selbst ihres gemeinsamen Unursprungs – denn tatsächlich macht oder markiert nichts irgendeinen Ursprung, nichts als der Zwischenraum und das Schaukeln des *Nihil* zwischen den Dingen, den Wesen, den Substanzen oder den Subjekten, den Positionen, den Orten, den Zeiten. Es ist nichts anderes als das Schaukeln der Welt, die Wiege oder vielmehr das Wiegen, in dessen Schoß alles erwacht – zum Schlaf erwacht wie zum Wachen, zu sich erwacht wie zum rhythmischen Schlag, zum Wiegen ganz allgemein.

Taktung, Liebkosung, Schwingung, Hin und Her der Hände, der Lippen, der Zungen und der feuchten Geschlechter, Auf und Nieder der Fluten, Anstieg und Zuckungen der Spasmen vor der Rückkehr zum langsamen Rollen der Wogen, zu tiefen vollen Wellen.

Wiegen von vor der Welt, Schaukeln des Seins über nichts, von nichts über nichts, im Ausgleich zwischen Nichts und Sein, Nichts sein und etwas sein, nichts sein, nur irgendetwas sein, irgendwelche zwischen einander pendelnden Dinge sein, auf singuläre Weise gleich, von nichts unterschieden, um fast nichts differierend, um die winzige unvordenkliche Differenz, die nichts ist, wahrhaftig nichts, ohne die aber nichts sich als von nichts unterschieden exponieren würde.

Oben, unten, rechts, links, unspürbar, ohne Oben noch Unten, noch links noch rechts, just der feine Balken einer Waage, die das Denken der Welt wiegt, ihre Gerechtigkeit wiegt, ihren unerbittlichen Gleichmut, all diese Dinge, ununterschieden hineingeworfen in dasselbe gemeinsame Nicht-am-Werk-Sein, Welt zu machen, nichts zu machen, zur Welt kommen zu lassen, eine Welt kommen zu lassen, sie zu erhellen, sie zu verdunkeln, sie mit Erden und Meeren zu bedecken, ihren Fels und ihren Schlamm aufzudecken, die Wasser zu heben und zu senken, Bergspitzen, Gipfel, Abgründe aufzutürmen und einzureißen, Monde abzulösen und Ringe, Atolle, Nordlichter, Morgenröten und Dämmerungen, kleine Lichtpfützen, kleine von der Nacht verschluckte Hostien, tiefer, weiter unten, sehr weit hinten vorüberziehend, um wieder nach vorn zu kommen und erneut eine Morgendämmerung in der Schwebe zu halten, grau, unentschieden und genau im Umriss eines neuen Horizonts, einer neuen Grenze zwischen nirgendwo und irgendwo, zwischen nie und jetzt, Skizzengekritzel auf dem Hintergrund gelöschter Spuren, wiederaufgenommener Entwürfe, Pentimenti, Annäherungen, ewiges Wiederkehren derselben Züge, Refrain, *Morgen früh, wenn Gott will, wirst du wieder erweckt.*

Morgen früh, wenn Gott will, erwachst du wieder. Schlaf mein Kind, schlafe meine Seele, schlaf meine Welt, schlaf meine Liebe, schlafe mein Kleines, das Kind wird bald schlafen, es schläft schon, sieh hier, mit der ersten Nacht der Welt schläft es ein, das göttliche Kind, das spielt mit den Würfeln des Alls und all seiner Jahrhunderte, es schläft mit jeder Nacht, die erneut, unermüdlich, gewiegt wird von der Wiederholung des ersten, des anfänglichen nächtlichen Wiegenlieds, wo der erste Tag in den ersten Schlaf gesunken ist.

7

Die Seele, die nie schläft

Niemals aber, niemals schläft die Seele. Diese Verabsentierung von sich in sich ist ihr unbekannt. Sie eignet dem Körper und dem Geist, der Seele ist sie fremd. Im Schlaf überlässt sich der Geist dem Körper und zerstreut seine Punktualität in ihm, löst seine Konzentration in dieser weichen und fast auseinanderfallenden Weite auf. Der Körper wiederum gibt sich paradoxerweise der Punktualität selbst des Geistes hin: Er ist nicht mehr wirklich im Raum exponiert, sondern tendenziell oder virtuell zurückgezogen an einen Nicht-Ort, an dem er sich betäubt und sich von der Welt trennt. Der schlafende Mensch ist ein geistiger Körper oder ein körperlicher Geist, einer im anderen verloren, und in beiden Fällen, unter dem einen und anderen Blickwinkel, ein aspiriertes, extravasiertes Subjekt, eingeatmet, ausgelaufen, *ex-poniert* oder *ex-istierend* in der jeweils stärksten und außerdem problematischsten Bedeutung dieser Wörter. Darin ist der Schläfer oder die Schläferin stets doppelt. Er, sie ist er selbst, sie selbst und ein, eine andere/r. Ihr Geschlecht selbst wird dann unentschieden, auf viel lebendigere Weise, als es das je unter anderen Bedingungen tut, denn der Schlaf verführt sich und genießt sich selbst – er, der kein »er selbst« ist.

Doch die Seele beseelt den Schlaf genauso wie das Wachen. Die Seele ist Schläferin wie Wächterin, und eben darum schläft sie nicht. Sie ist auch nicht wach: Sie ist im Wachen das, was immerzu döst, sie ist im Schlaf das, was wacht und überwacht: Sie ist beiderseits jedes Mal das, was, indem es einer Präsenz Form und Tonart gibt, sich an den Rändern, an den Umrissen hält. Gewiss, nicht wie ein Steuermann in seinem Schiff, sondern über die ganze Weite des Körpers ausgebreitet und mit ihr auf solche Weise vermischt, dass sie gleichzeitig an jedem Punkt wie ein Signal, wie eine Schiffslaterne ist, wie ein Ausguck oben am großen Mast oder aber wie eine satte träge Möwe auf der Reling. Sie ist wie ein Elmsfeuer oder wie ein Mondglanz, der auf Kupfer funkelt, oder wie ein ins Meer geworfenes Briefchen oder wie eine Radioantenne, die den Ruf eines anderen Schiffes empfängt, dessen Maschinen ausgefallen sind, oder wie der Sonnenreflex auf den Gläsern eines Feldstechers, in denen das Bild eines kaputten Kahns voll sterbender *Boat-People* erscheint, die aus Elend und Entsetzen gefallen sind, gefallen, hinabgefallen in einen Schlaf, der nicht mehr schläft, in eine schwere Lethargie des Unglücks.

*

Die Seele modelliert und moduliert die Form des Eingeschlafenen ebenso wie die des Erwachten: Sie empfängt und sendet für jeden die Signale vom Rest der Welt, aber auch die Signale des anderen, des Schläfers, der im Erwachten kauert, des Erwachten, der im Schläfer umherirrt. Den Wachenden hält sie davon ab, sich allen Schlägen und allen Erschöpfungen des Tages auszuliefern, sie schließt ihm beim Zwinkern die Lider und lässt ihn teilhaben am sehr wohltuenden Vergessen, das so notwendig ist, um den Werken und Tagen nachzugehen. Den Schlafenden hält sie in der Lage, die Alarmsignale wahrzunehmen und seine intimsten Gedanken wiederzukäuen.

Sie ist nicht schlaflos, diese Seele: Ganz im Gegenteil, es ist durchaus sie, die den Schlaf des Schläfers schläft und über das Wachen des Wächters wacht. Sie ist es, die inmitten des Schlafes wacht und die nur wachend schläft. Sie ist das Wachen selbst, das sich zwischen Nacht und Tag aufteilt, zwischen wachsamem Wachen und schlummerndem Wachen. Sie ist selbst der Rhythmus, sie ist der sanft tanzende Schatten, der die ganze Zeit über der Möglichkeit des Wechsels und des Wiegens wacht, über diesem Mal-dies-mal-das, ohne das wir entweder tot wären oder aber Lebende, aufrecht in ihrer heroischen Positur erstarrt, wie jener Sokrates, der fähig war, die Nacht im Stehen zu verbringen: die Wachsamkeit selbst, die klare Idee ohne Schatten und auch ohne Musik.

Indessen müssen wir tatsächlich wachen. Wir müssen es, selbst wenn die Seele gerne entschlafen möchte. Am Ende muss sie aufhören, über den Schlaf zu wachen.

Martinshörner zerreißen die Nacht, und Kanonen, Raketenschüsse, das Weinen der Kinder, das Rollen der Panzer, der Biss der Schmerzen in der Brust, im Bauch der Krebskranken oder der Verwundeten, die grellen Lichter von Lampen, die man nicht ausschalten kann oder will, die stechenden Gedanken, die Martern, die Gewissensbisse, die fiebrigen Erwartungen, die Ängste – vor allem die Ängste, Ängste vor allem.

Der Schlaf setzt den Sieg über die Angst vor der Nacht voraus, doch die Nacht ist die Wildnis der Ängste. Die Gestalten, die der Tag dem Erkennen verfügbar macht, tauchen aus der Dunkelheit wieder auf, in boshafte Masken verkleidet, die Gedanken, mit denen man sich sorgsam zu befassen weiß, entfesseln sich in Ängsten, Atemnöten, Aporien, die sich endlos wieder um sich selbst verschließen, solange der Tag sie nicht aufgelöst hat. Die Nacht gebiert den Schrecken, die Besessenheit, die Verwüstung und die Panik. Es handelt sich nicht um die Schlaflosigkeit, die eine Verirrung des Schlafes selbst ist, seine Verwandlung in ein Wachen ohne Tag und Licht, in eine brennende Wachleuchte, deren Schein den Aufruhr der Seele mit einem klaren Bewusstsein des usurpierten, verdoppelten, in sein waches Doppel verwandelten Schlafs unterhält. Im Gegenteil, es handelt sich um die Welt, in der schlafen unmöglich ist, um die Welt, in der es verboten ist zu schlafen, vermöge einer Folterprozedur, deren Wirksamkeit außer Zweifel steht.

*

Es ist möglich, dass die heutige Welt eine ohne Schlaf und ohne Wachen ist. Im Stehen schlafend, verschlafen wachend. Schlafwandlerisch und schläfrig. Eine Welt, der der Rhythmus genommen ist, eine Welt, die sich den Rhythmus genommen hat, die sich die Möglichkeit entzogen hat, ihre Tage und Nächte der Ordnung einer Natur oder einer Geschichte entsprechen zu sehen. Die Zugvögel werden nachts vom hellen Lichtschein verstört, den die Großstädte in den Himmel abstrahlen und sind bereit, irgendwo einzuschlafen, weil sie glauben, sie hätten die Länder der Sonne erreicht. Eine Fleischbank-Welt, keine Welt der Gleichheit, vielmehr derart im Ungleichen, dass in ihr der Schlaf selbst durch Ungleichheit verwüstet ist. Geschundene Schläfer, immer alarmiert, weniger in den Schlaf gefallen als geworfen, von einer Abstumpfung hineingestürzt für kurze Stunden, die zersprengt sind von Schlägen im Kopf, Schlägen an die Tür, Einschlägen von Geschossen oder Worten. Schläfer, weniger schlafend als niedergestreckt, Besiegte in der Nacht wie sie es am Tage sind, in Lager gezwängt oder in Gräben liegend, in Lastwagen oder in Kähnen, verfolgt, von ihrer hastigen Lagerstatt aufgescheucht. Von Feuer-, Hunger-, Wahnsinnsblitzen zerflackerte Nächte. Ihrer Nacht selbst entkleidete Nächte, Dunkelheit und Schatten ausgemerzt, ins gleißende Licht einer nuklearen Blendung geworfen. Arten von Schlaf, die nur noch Parodien, Karikaturen von Schlaf sind, unter Schlammwasser gehaltene Köpfe, denen verweigert wird, sich der Hingabe der tiefen Wasser zu überlassen.

Wie soll man schlafen in einer Welt ohne Wiegenlied, ohne ruhigen Refrain, ohne die Fähigkeit zu vergessen, selbst ohne Unbewusstheit, da Eros und Thanatos allerorten schamlos zirkulieren, sardonische Wächter mit Peitschen und Knüppeln? Wie schlafen in einer Welt, die hypnotisiert ist von der Vision ihrer eigenen Abwesenheit einer Vision der Welt ebenso wie von der Nichtigkeit aller Visionen, die sich aufgelöst haben und die übrigens stets ein Erwachen versprachen, triumphierende Morgen, die auf große Abende folgten, in deren Brand die Nacht auf immer in Misskredit geraten ist?

Wie schlafen, zerfallene Seele, seelenlose Seele, Seele, die leblos über dem Schlacht- oder über dem Rieselfeld schwebt, dessen Nichtigkeit eine Operationslampe nüchtern ausstellt?

8

Totenglocke eines zeitweiligen Todes

Wie der Tod, so der Schlaf, und wie der Schlaf, so der Tod – doch ohne Erwachen. Ohne Rhythmus der Wiederkehr, ohne Wiederaufnahme, ohne neuen Tag, ohne Morgen.

Wie der Tod der Schlaf, denn allein legt sich dort der Körper hin. Ist dort allein ausgestreckt. Allein ausgestreckt ist (er) dort, *dort,* da, hier wie nirgendwo. Nirgendwo anders als ein schwer wiegender Körper, auf den Boden gelegt, geworfen, liegen gelassen. Wie der Schlaf der Tod: niedergelegter Körper.

Ein Schlaf indes, der sein eigenes Wachen wäre: eine im Tod quer zu ihm aufgerichtete Unsterblichkeit, im rechten Winkel als Erstehung dessen aufgepflanzt, was sich nie wieder erhebt. Ein Schlaf, eingeschlafen anderswo als in der Erwartung oder sich selbst erwartend, um von sich die Gnade zu empfangen, nicht mehr zwischen Wachen und Wachen bemessen zu sein, sondern allein und rückhaltlos ewig der Schlaf zu sein, der er ist.

Ewige Ruhe: Entschlafung Mariä oder der Sieben Schläfer von Ephesus, Tod, der im Schlaf eintritt, weil dieser unaufmerksam, ja uninteressiert ist. Schlaf, der beim Tod eintritt und ihn sich ähnlich macht: Rimbauds *Schläfer im Tal*, der zwei rote Löcher in der rechten Seite hat. Fast möchte man sagen, er schläft: Ja, man würde es sagen, und auch der Tote würde es sagen, wenn er sprechen könnte. Er würde sagen, dass er schläft und gleich jedem Schläfer die Ewigkeit erreicht hat: die Kehrseite der Zeit.

Kehrseite, Umsturz und Annullierung der Zeit, nicht ihre Wendung in eine Dauer ohne Rhythmus, nicht ihr flaches Auseinanderziehen in Lähmung und Koma. Nicht der Tod, der dauert, sondern der Tod, der schlagartig einfällt und sich im Fallen tilgt. Der Tod, dessen Fall den *Tymbos* erhebt, den *Tumulus*, die sanfte, ernste Erhebung aus Erde oder Stein zum stummen Gebet.

Man kann sagen, der Schlaf ist ein zeitweiliger Tod, man kann aber auch sagen, der Tod ist zwangsläufig zeitweilig, denn er währt nur so lange, wie die Zeit währt. Da, wo die Zeit nicht mehr währt – *da, wo,* wohlverstanden, und nicht *wenn*, denn keine Zeit ist dafür gegeben, nur ein Ort abseits von allen Orten, kein anderer Ort, auch keine *U-topia*, sondern der Außer-Ort des Abseits selbst, der Zwischenraum, das Offene, das Schlagen des Rhythmus alles in allem, im Schlaf – da, also, wo die Zeit nicht mehr währt, wird sie unbeweglich und hält über sich selbst inne, das heißt über dem Vorübergehen, der Passage und dem *pas,* dem *Nicht/Schritt*, der sie ist. Sie hebt sich in die Schwebe über dieser Negativität, die ihr fließendes Wesen ist und die Form jedes Präsens und jeder Präsenz gestaltet: *schon Schritt* und *noch nicht*. Die Form des *Nicht/Schritt* zeichnet eine Höhlung, sie prägt eine Spur in den Sand der Ufer, die wir immer wieder besuchen und verlassen. Eine Höhlung, eine Aushöhlung, eine Erhebung, der unbewegliche, unveränderliche Rhythmus von Graben und Grab, der Atem des Todesschlafs.

Nicht – sagt der Schläfer wie der Tote, ich bin nicht da. Nicht da, nicht jetzt, nicht hier, nicht so. Sucht anderswo, Vorübergehende, die ihr einen stillen Augenblick vor meiner Ruhestatt verharrt. Ich bin ins Land des großen Schlafs hinübergegangen, ich höre eure sanften Stimmen singen *He ho alter Jo!* Und seht mich hier, ich sage es euch, seht mich hier eingeschlafen im Frieden nahe bei euch, doch entzogen, soweit es möglich ist, dieser ganzen Zeit entzogen zu sein, die euch von Bedeutung ist und euch noch auf mich warten lässt, auf mich warten wie auf einen Wiedergänger oder einen Wiederwacher, während ich doch bereits da bin, da, wo es gilt, (da)hin zu gelangen, die Dunkelheit selbst als das einzige Licht und das einzig zu Sehende zu erkennen, als das Sehen selbst. Da, nirgendwo, wo es darum geht, darin einzuwilligen, dass das Außen endlich das gesamte Innen fortreißt. Da, wo das Selbst sich endlich von sich befreit.

Nicht hier, nicht so, doch in sich selbst endlich verwandelt: es selbst, niemand, in dieser so kostbaren Hingabe eines unsterblichen Schlafs, in dem keine Figur, keine Vereinnahmung einer irgendeinem Modell nachgebildeten Identität, keine Handlung, kein bemerkenswerter Gedanke mehr diesem einzigartigen Selben substituiert werden kann, das sich ewig sein spürt und erfährt, das heißt notwendig eingeschrieben in die Substanz, Gott oder Natur, als ihr Subjekt selbst, als das unveräußerliche Subjekt einer Präsenz, die stets nur erwacht sein wird, um sogleich einzuschlafen und in die intime Ohnmacht zu sinken, die sie in sich selbst eintaucht – aus sich heraus gefallen.

Tombe de sommeil – Fall in den Schlaf, Schlafgrab sagt dieser Friedhof – jeder Friedhof –, wo die Grabstätten keinen anderen Zweck haben, als die Sicherheit eines steinernen oder bleiernen Schlafes zu bieten, eines Erden- oder Aschenschlafs, eines Schlafs ohne Schlaf und ohne Schlaflosigkeit, ohne Erwachen und ohne Intention, ein Schlaf ohne Ufer: das Unendliche niedergelegt gemäß dem Rhythmus jedes endlichen Daseins. *Gräber*, Erhebungen der Seele, die den gerechten Schlaf schläft, mineralischer Körper, erhoben für eine ganz von Verehrung durchwirkte Beweinung. Ewigkeit: die gefallene, wiederaufgerichtete, wiedererhobene, wiederauferweckte Zeit.

Ein Begräbnis vorenthalten, ein Grab und das Erkennen des Leichnams vorenthalten – und wäre es symbolisch, analog oder hypothetisch – einen dem Nirgendwo vorbehaltenen Ort vorenthalten, noch die Möglichkeit der Spur des Schritts eines Passanten entziehen, das heißt, wie wir wissen, den Toten den Schlaf rauben und zugleich den trauernden Lebenden. Das Bestattungsritual repräsentiert etwas ganz anderes als eine beschwörende oder kompensierende Handlung. Es schläfert nicht die wunde Empfindsamkeit der Überlebenden ein, sondern es verschafft den Toten jenen Schlaf, der ihnen zukommt, und darum tut es dem verweinten Überleben not. Das Grab ist die Intimität des Toten, so gut versiegelt, dass sie sich rückhaltlos ausstellt, genau wie der Schläfer sich ausliefert, ohne die Gefahr, irgendein Geheimnis zu verraten, außer diesem Schlaf, der keines ist.

Nichts Geheimes, das ganze Erscheinen erscheint restlos auf dem Antlitz des Toten und auf dem schlafenden Antlitz. Es ist dasselbe Erscheinen ohne Erscheinung, weil ohne Hintergrund, ohne Geheimfach, ohne verheimlichtes Herz. Der Schläfer legt tatsächlich sein ganzes Herz schlafen und genauso tut es jener, der ohne Wiederkehr fortgegangen ist: Er weiht sein Herz diesem Stillstand des Herzens. Nicht umsonst wacht man bei den Sterbenden und den Toten: Dieses Wachen eröffnet einen Rhythmus zwischen den Lebenden und den Fortgehenden, es schreibt ihren Aufbruch als Kontrapunkt unserer wachsamen Präsenz ein. Wir schauen, wie sie fortgehen und wir sehen sie fortgegangen, und so schlafen sie in unseren Augen wie in unseren Armen ein, wie im Grab, an dessen Grund sie niemals aufhören werden zu verschwinden.

Dieses endlose Verschwinden ist es, dem weder das Vergessen noch das langsame Verwittern der Gräber ein Ende setzen, das in sich das ewige Erscheinen eines jeden wahrt, jeder einzeln, nicht allein Mumie oder vergilbtes Foto, nicht allein unlesbar gewordener eingravierter Name, auch nicht Ähnlichkeit im Antlitz eines vagen Nachkommen, noch Geburtsmal, noch Gewohnheit oder Art zu sprechen, sondern endlich trotz allem jedes Korn, jeder Edelstein, jeder Tropfen und jedes Blatt, jedes blinkende Signal eines Sterns oder eines Atoms, jedes Staubkorn, so vollkommen anonym es sein mag, kann nicht *nicht* ein fremdes Zeichen andeuten, verstörend, unentzifferbar, das bedeutungslose Zeichen einer unbeständigen, doch inständigen Komplizenschaft ohne andere Analogie als die eines gemeinsamen Schlafs, als unteilbar miteinander geteilt.

Wie der Tod, so der Schlaf, weil er noch die Einfachheit der Präsenz in sich zurückzieht, doch wie der Schlaf, so der Tod, denn was er vernichtet, präsentiert er der Welt wieder unsterblich oder aber als die Welt selbst am Vorabend keines Morgens – und auf diese Weise über sich selber wachend, Wächter mit dem Auftrag der Wacht über die alleinige Nacht.

Schau her, sagen Sie, schläft also das Denken ein und überlässt den Phantasmagorien das Feld? Glauben Sie das nicht. Wenngleich es immer noch wahr bleibt – bedenklich wahr –, dass der Schlaf der Vernunft Ungeheuer gebiert, so ist es nicht weniger wahr, dass das Denken, das sich einlässt auf den Schlaf, den Traum und die Möglichkeit, nicht mehr zu erwachen, sich am letzten möglichen Tag seiner vollen Rechtschaffenheit erwecken lässt. Am ersten Tag, am Tag ohne Tag unserer heiligen Ewigkeit.

9

Die blinde Aufgabe des Schlafs[8]

Wer nicht *nicht* aufzuwachen versteht, wer in der Höhlung des Schlafs auf der Hut bleibt, der oder die bleibt in seiner oder ihrer Angst stecken. Er fürchtet loszulassen, selbst seine Leiden und Sorgen. Er verbringt seine Nacht damit, sie hin und her zu wälzen, sie wiederzukäuen wie in der Tautologie verklebte Gedanken, die schleimig, kriechend, hinterlistig und giftig werden. Was er jedoch mehr als alles fürchtet, sind nicht die Schwierigkeiten und Gefahren, die diese Gedanken ihm vor Augen halten und die der folgende Tag, so behaupten sie, als Misserfolge und Niederlagen ans Licht bringen wird; was er mehr fürchtet als diese Befürchtungen selbst, ist fortzugehen, weit fort von ihnen, in die Nacht einzutreten. Er kann seine Angst ins Werk setzen, doch diese Angst zermartert wiederum das Werk und macht es beschwerlich, wie an sich selbst erstickt, bedrückend und unausgewogen, sich selbst nicht gewachsen, seiner Kunst nicht gewachsen.

> Auf den Grund meiner Nächte zeichnet mit weisem Finger Gott einen vielgestaltig und rastlos wüsten Traum.

> Ich fürchte vor dem Schlaf mich, wie man vor einem großen Loch sich fürchtet,

voll vagen Schreckens, das ins Ungewisse führt;
ich sehe nur Unendlichkeit aus allen Fenstern,

Und mein Geist, vom Schwindel stets umkreist,
beneidet die Fühllosigkeit des Nichts.[9]

In die Nacht nun, in den Schlaf geht man nicht mit geschlossenen Augen. Wenn die Augen zu sind, hat der Schlaf den Schläfer bereits übermannt. Doch im Augenblick davor, wenn die Lider über die Augen geglitten und diese einen Moment lang Seher geblieben sind hinter ihrem Vorhang und durch die Dunkelheit, die überall verbreitet ist in dem, was wir Kammer nennen, im Bogen, der gewölbten Kuppel, die den Raum des Schlafs versiegelt, indem sie ihn von den Himmelsbögen selbst trennt – Lider, Kammer, »Himmel« des Himmelbetts, sublunare Welt, Welt unter den Wimpern, Zimmerdecken, Laken, Welt unterhalb, sich selbst entzogene Krypta – in diesem Augenblick hat der Blick die Nacht gesehen, in die er trat. Was er gesehen hat, ist nichts gewesen als die Abwesenheit jedes Sehens und jeder Sichtbarkeit. Eben das hat er gesehen. Er hat diese Sicht für die Zeit des Einschlafens ertragen müssen, und es kann sein, dass dieses Grauen, das schlimmer ist als ein Erblinden, ins Mark seines Schlafs gedrungen ist, um ihn dort zu verfolgen und endlich daran zu hindern, wahrhaft und tief einzuschlafen.

Nicht zu sehen knüpft sich an die Möglichkeit der Ersetzung der Sicht oder der Hoffnung auf Sicht. Im Schatten, der sich auf irgendeine Weise zerstreuen ließe, sieht man nicht. Doch sehen, dass man nichts sieht und dass es nichts zu sehen gibt, die Sicht an sich selbst als ihren einzigen Gegenstand geheftet sehen, das ähnelt wohl dem Sehen des Unsichtbaren, doch nur als seine Kehrseite oder sein Negativ. Auf eben dieser Kehrseite sich aufhalten, nicht vorgeben, das Unsichtbare zu erkennen, das ist die blinde Aufgabe des Schlafs.

Anmerkungen

1 Nathaniel Hawthorne, »Ein heimgesuchter Geist« (übersetzt von Hans-Joachim Lang), in: Nathaniel Hawthorne: *Die himmlische Eisenbahn. Erzählungen, Skizzen, Vorworte, Rezensionen*. Aus dem Amerikanischen übertragen von Hannelore Neves, Siegfried Schmitz und Hans-Joachim Lang. Mit einem Nachwort und Anmerkungen von Hans-Joachim Lang, München 1977, S. 563. [Übersetzung modifiziert, A.d.Ü.]

2 G.W.F. Hegel, *Enzyklopädie der philosophischen Wissenschaften im Grundrisse*, 3. Teil: Die Philosophie des Geistes. Mit den mündlichen Zusätzen. Herausgegeben von Eva Moldenhauer und Karl Markus Michel, Frankfurt/M 1970, § 398, Zusatz, S. 90.

3 Jacques Derrida, *Glas*, aus dem Französischen von Hans-Dieter Gondek und Markus Sedlaczek, München 2006, S. 148.

4 »*Rien*«, »nichts« kommt von lat. *res*, »die Sache«; »*la chose*«, »die Sache«, »das Ding« kommt ebenso wie *cause* von lat. *causa*, »der Grund«, »die Ursache«, auch »die Rechtssache«. [A.d.Ü.]

5 William Shakespeare, *Hamlet*, III, 1, v. 65.

6 William Shakespeare, *Macbeth*, in der Bearbeitung: Heiner Müller, *Macbeth: nach Shakespeare*, Frankfurt/M 1982, S. 31f. [Die kontextbedingten Akkusative des Originalzitats wurden in Nominative verwandelt, A.d.Ü.]

7 Yves Bonnefoy, »Ein Stein«, in: *Die gebogenen Planken, Gedichte französisch und deutsch*. Ins Deutsche übertragen und mit einem Nachwort von Friedhelm Kemp, Stuttgart 2004, S. 21.

8 *La tâche* ist die Aufgabe, *la tache* ist der Fleck. Ausgesprochen würde der Titel im Französischen als »Der blinde Fleck des Schlafs« vernommen werden. [A.d.Ü.]

9 Charles Baudelaire, »Der Abgrund«, in: *Die Blumen des Bösen/Les Fleurs du Mal*, zweisprachige Ausgabe, deutsch von Friedhelm Kemp, München 1986 (1975), S. 385f.

Inhalt